BEI GRIN MACHT SICH IHR WISSEN BEZAHLT

- Wir veröffentlichen Ihre Hausarbeit, Bachelor- und Masterarbeit

- Ihr eigenes eBook und Buch - weltweit in allen wichtigen Shops

- Verdienen Sie an jedem Verkauf

Jetzt bei www.GRIN.com hochladen und kostenlos publizieren

Laura Schmalenbach

Chicagoer Schule

Stadtmodell der US-amerikanischen Stadt

GRIN Verlag

Bibliografische Information der Deutschen Nationalbibliothek:

Die Deutsche Bibliothek verzeichnet diese Publikation in der Deutschen Nationalbibliografie; detaillierte bibliografische Daten sind im Internet über http://dnb.d-nb.de/ abrufbar.

Dieses Werk sowie alle darin enthaltenen einzelnen Beiträge und Abbildungen sind urheberrechtlich geschützt. Jede Verwertung, die nicht ausdrücklich vom Urheberrechtsschutz zugelassen ist, bedarf der vorherigen Zustimmung des Verlages. Das gilt insbesondere für Vervielfältigungen, Bearbeitungen, Übersetzungen, Mikroverfilmungen, Auswertungen durch Datenbanken und für die Einspeicherung und Verarbeitung in elektronische Systeme. Alle Rechte, auch die des auszugsweisen Nachdrucks, der fotomechanischen Wiedergabe (einschließlich Mikrokopie) sowie der Auswertung durch Datenbanken oder ähnliche Einrichtungen, vorbehalten.

Impressum:

Copyright © 2007 GRIN Verlag GmbH
Druck und Bindung: Books on Demand GmbH, Norderstedt Germany
ISBN: 978-3-640-42208-1

Dieses Buch bei GRIN:

http://www.grin.com/de/e-book/134235/chicagoer-schule

GRIN - Your knowledge has value

Der GRIN Verlag publiziert seit 1998 wissenschaftliche Arbeiten von Studenten, Hochschullehrern und anderen Akademikern als eBook und gedrucktes Buch. Die Verlagswebsite www.grin.com ist die ideale Plattform zur Veröffentlichung von Hausarbeiten, Abschlussarbeiten, wissenschaftlichen Aufsätzen, Dissertationen und Fachbüchern.

Besuchen Sie uns im Internet:

http://www.grin.com/

http://www.facebook.com/grincom

http://www.twitter.com/grin_com

Chicagoer Schule
US Stadtgeographie

Inhaltsverzeichnis

Seite

1 Einleitung 3

2 Grundlagen zur Untersuchung der Stadtmodelle 3

    2.1 Warum Chicagoer Schule? 3

3 Modelle der Stadtstruktur in den USA 4

    3.1 Ringmodell (Burgess) 4
    3.2 Sektorenmodell (Hoyt) 5
    3.3 Mehrkernemodell (Harris, Ullman) 6

4 Kritik an den Stadtentwicklungsmodellen 7

5 Fazit 7

6 Literaturverzeichnis 8

1 Einleitung

Die ersten Strukturierungen von Städten waren die sozialräumlichen bzw. sozialökologischen Modelle der Chicagoer Schule.

Stadtgeographische Modelle dienen dazu, in überschaubarer Form die räumliche Organisation einer Stadt z.b. hinsichtlich der Struktur ihrer Bevölkerung und Wirtschaft darzustellen und Erklärungszusammenhänge aufzuzeigen.

Die Chicagoer Schule der Sozialökologie stellt einen frühen soziologischen Forschungsansatz dar, mit dem seit dem Ersten Weltkrieg (insbesondere am Beispiel Chicago) versucht wurde, räumliche Regelhaftigkeiten der wechselseitigen Abhängigkeit des sozialen und wirtschaftlichen Lebens innerhalb der Stadt zu erfassen (vgl. LICHTENBERGER, Elisabeth (1998)).

2 Grundlagen zur Untersuchung der Stadtmodelle

Die Chicagoer Schule der Sozialökologie entstand aufgrund mehrerer empirischer Studien wofür man sich mit drei klassischen Ansätzen beschäftigte. Daraus entsprangen die drei bis heute bekannten und häufig genannten Stadtmodelle: Ringmodell, Sektorenmodell und Mehrkernmodell, die oft auch als Stadt-strukturmodelle oder Modelle der Stadtentwicklung bezeichnet werden. Es handelt sich dabei um Versuche zur theoretischen Durchdringung und Erklärung des Stadtwachstums und vor allem der Stadtstruktur (vgl. http://www.e-geography.de/module/stadt_4/html/intro.htm (letzter Zugriff 04.06.2007)).

2.1 Warum Chicagoer Schule?

Dieses bekannte Projekt wurde zu Beginn des 20. Jahrhunderts von vorerst drei Soziologen der Universität Chicago geleitet, darunter R.E. Park, E.W. Burgess und R.D. McKenzie. Diese versuchten, Regelhaftigkeiten der wechselseitigen Abhängigkeit des sozialen und wirtschaftlichen Lebens innerhalb einer Stadt zu erfassen, wozu jeder der Soziologen beliebige Städte innerhalb der Vereinigten Staaten untersuchte.

Warum die Forscher gerade in Chicago mit ihrer Arbeit begannen ist folgendermaßen zu erklären:

- Der erste soziologische Lehrstuhl überhaupt wurde an der Universität Chicago in 1892 vergeben.

- Die Stadt Chicago und ihr Umland weisen ein hohes einwanderungsbedingtes Bevölkerungswachstum mit hohem Anteil ethnischer Gruppen auf, worunter besonders sozialen und ökonomischen Konflikte auftraten.
- Ein dritter grundlegender Vorteil für die Forscher war, dass Chicago über Volkszählungsdaten für 70 Teilgebiete seit 1920 verfügte und diese sich später sogar noch erweiterten und korrigierten

Die Forscher waren sich einig, dass der Kampf der menschlichen Individuen um soziale Positionen, also dem „Kampf ums Dasein" genau nach Darwin entspricht und das wollte man vor allem an Chicago zeigen. Die Stadt an sich wurde als räumlich organisierte Bevölkerung angesehen, deren Mitglieder in gegenseitiger Abhängigkeit leben. Durch das Bevölkerungswachstum entstehen durch steigende Konkurrenz erhebliche Konflikte unter den Gruppen mit immer neuen Spezialisierungen unter den Individuen, was die Forscher ebenfalls in Modellen festhalten wollten (vgl. HEINEBERG, Heinz (2000); www.e-geography.de/module/stadt_4/html/ theorie_2.htm (letzter Zugriff: 04.06.2007)).

3 Klassische Modelle der US-amerikanischen Stadt

Städte sind komplexe räumliche Gebilde, die sich nach unterschiedlichen Kriterien gliedern, strukturieren und damit in voneinander abgrenzbare Räume einteilen lassen.
Aus der Chicagoer Schule entstammten eine Reihe empirischer Studien und darauf basierend drei klassische Modelle und theoretische Ansätze, die häufig als Stadtmodelle, Stadtstrukturmodelle oder Modelle der Stadtentwicklung bezeichnet werden.
Die Stadt wurde als sozialökonomische Einheit angesehen, als eine räumliche organisierte Bevölkerung, deren Mitglieder in gegenseitiger Abhängigkeit leben. Ein Anwachsen der Bevölkerung einer Stadt führe demnach zu Konflikten und neuen Spezialisierungen und damit zu einer größeren Arbeitsteilung. Es lassen sich Entwicklungszyklen in der Verteilung der Bevölkerung über die städtischen Teilgebiete nachweisen (vgl. HEINEBERG, Heinz (2000); HOFMEISTER, Burkhard (1999)).

3.1 Das Zonenmodell oder Ringmodell (E.W. Burgess 1925/29)

Burgess gliederte die US-amerikanische Stadt in fünf unterschiedlich strukturierte Gebiete:
CENTRAL BUSINESS DISTRICT (CBD, Hauptgeschäftszentrum) ist wirtschaftlicher, kultureller und politischer Mittelpunkt der Stadt sowie Standort des tertiären Sektors.

Nutzungseinrichtungen und Bevölkerungsgruppen sind nicht gleichmäßig über die gesamte Stadt verteilt, sondern in jeder Zone dominieren bestimmte Nutzungen bzw. Gruppen. Verdrängung von Einrichtungen und Nutzungen vom Zentrum zur Peripherie Konzentration der Stadt um den Stadtkern.

ZONE IN TRANSITION (Übergangszone): Zone des Verfalls und der Verslumung, die Sozialstruktur ist gekennzeichnet durch Desintegration, hohe Kriminalität, Kleinhaushalte, sehr hohe Mobilität der Bevölkerung, hoher Anteil an Massenquartieren aller Art, viele arme, alte und nicht-weiße Bevölkerungsanteile.

ZONE OF WORKINGMEN (Arbeiterwohngebiete): Bauobjekte stammen aus der Jahrhundertwende, ursprünglich Einfamilienhäuser wurden meist aufgeteilt.
Während der großen Zuwandererwellen segregierte sich viertelsweise die Bevölkerung der jeweiligen Nationen.

RESIDENTIAL ZONE (Einfamilienhausgebiete): hier leben die Mittelschichten, die Wohnviertel sind mit Geschäften und Geschäftszentren ausgestattet.

COMMUTERS ZONE (Pendlerzone): randstädtische gehobene Wohnquartiere und Pendler-Einzugsgebiet

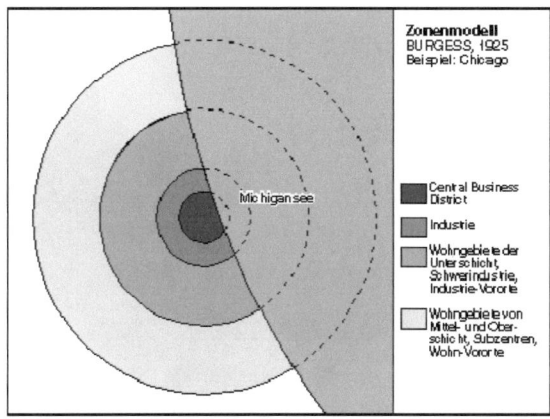

Zonenmodell
Burgess 1925 / 1929

Quelle: http://content.grin.com/binary/hade/20645/0.gif (letzter Zugriff: 04.06.2007)

3.2 Das Sektorenmodell (H. Hoyt 1939)

Hoyt untersuchte von 1900 bis 1936 dreißig US-amerikanische Städte und entdeckte ein sektorales Verteilungsmuster der Wohngebiete der Oberschicht und oberen Mittelschicht sowie deren Verlagerung aus dem Stadtzentrum an den Stadtrand. Die Basis seiner empirischen Untersuchung bildete die räumliche Mietpreisstruktur. Nach dem Sektorenmodell gliedern sich die Städte in relativ homogene Sektoren. Industriegebiete und anschließende Arbeiterwohngebiete entlang wichtiger Verkehrsleitlinien bilden den Sektor, in dem die unterste soziale Schicht siedelt, umgekehrt meiden die wohlhabenden Schichten diese Bezirke und wohnen in den peripheren Stadtbereichen. Hoyt führt die Stadtentwicklung auf die Veränderungen in den Wohnstandorten der statushohen Bevölkerung zurück.

Hoyt entwickelte eher ein Modell der Wohnstandortwahl; Burgess dagegen führte die Veränderung in den Wohnstandorten auf die Expansion der ökonomisch stärkeren gewerblichen Nutzung im CBD, vor allem des tertiären Sektors zurück.

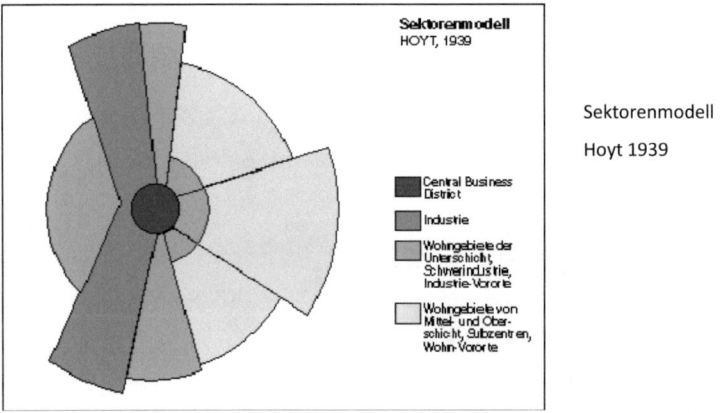

Sektorenmodell
Hoyt 1939

Quelle: http://content.grin.com/binary/hade/20645/2.gif (letzter Zugriff: 04.06.2007)

3.3 Das Mehrkerne-Modell (C.D. Harris und E.L. Ullman 1945)

Harris und Ullman gehen davon aus, dass es entsprechend den verschiedenen Anforderungen von städtischen Nutzungen a priori zu einer mehrkernigen Stadtstruktur kommen muss, wobei ich in Abhängigkeit von der Stadtgröße Distrikte unterschiedlicher Nutzungen spezifizieren lassen. Mit der

Größe der Stadt wachsen auch die Zahl und Spezialisierungen ihrer Kerne (Stadtmitte, peripher gelegene Geschäftszentren, Shopping-Center, Kulturzentren, Parks, kleiner Industriezentren, Hafenanlagen, Regierungsbezirk). Es dreht sich demnach bei dem Modell nicht um die Verortung verschiedener Sozialschichten, sondern um die räumliche Differenzierung des Arbeitssektors. Die Definition von „Kern" ist jedoch nicht eindeutig. Außerdem berücksichtigt das Modell nicht die einzelnen „Kerne", sondern konzentriert sich vor allem auf gebiete verschiedener Nutzung.

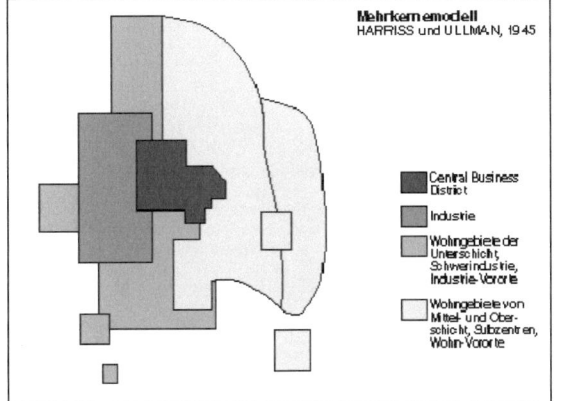

Mehrkernemodell
Harris, Ullman 1945

Quelle: http://content.grin.com/binary/hade/20645/2.gif (letzter Zugriff: 04.06.2007)

4 Kritik an den Stadtentwicklungsmodellen

Kritik an den Modellen von Burgess, Hoyt und Harris/Ullman wurde bereits sehr früh eingebracht und bezog sich hauptsächlich auf die empirische Überprüfung ihrer Allgemeingültigkeit. Stadtstrukturen und Stadtentwicklungen können von diesen drei Modellen nur in kapitalistischen, also westlichen, Staaten mit freier Marktwirtschaft und geringen Auswirkungen der Stadtplanung erklärt werden.

Durch eine gezielte Kombination der drei Stadtmodelle wurden sie allerdings dennoch als Grundlage für die Erarbeitung neuer Stadtmodelle seitens der empirisch geographischen Stadtforschung genutzt. Eine dieser kombinierten Varianten ist dabei das Modell der Stadtstruktur von J. Hoffmeyer-Zlotnik, der das Ringmodell von Burgess um ein inner-städtisches Zentrensystem ergänzte und markante Eigenschaften des Mehrkernmodells von Harris/Ullman in Form von Nebenzentren hinzufügte.

Ein weiterer Kritikpunkt an den drei Modellen ist die Nichtberücksichtigung der vertikalen Differenzierung bzw. Abfolge der Nutzungen. Ein weiterer Soziologe namens H. Carter hat 1972 den Zusammenhang zwischen Nutzung und Gebäudehöhe erarbeitet und dargestellt. Die vertikalen Veränderungen der Nutzungen ähneln dabei den horizontalen. Nutzungen, die dem Wettbewerb um die zentralen Standorte aufgrund hoher Kosten unterliegen, werden in die Übergangszone verdrängt oder ziehen sich auf die oberen Stockwerke im Zentrum zurück. Diese Tatsache findet in den Modellen nun tatsächlich keine Berücksichtigung (HEINEBERG, Heinz (2000); www.e-geography.de/module/stadt_4/ html/theorie_10.htm (letzter Zugriff: 04.06.2007)).

5 Fazit

Trotz der doch sehr umfangreichen Kritik an den drei Grundmodellen dienen die drei klassischen Modelle vor allem der Veranschaulichung von räumlichen Stadtgliederungen und Stadtentwicklungsprozessen. Wichtig hierbei ist auch der didaktische Aspekt, denn dieser ist in seiner Bedeutung nicht zu unterschätzen, denn die drei Modelle bilden die Grundlage zum allgemeinen Verständnis des Aufbaus von Städten und deren Stellung in der Sozialökologie und der Entwicklung einer Stadt.

Somit ist abschließend hervorzuheben, dass es zum damaligen Zeitpunkt ein sehr ausgereiftes und durchdachtes Erarbeiten der klassischen Modelle war, sie jedoch durch den Wandel der Zeit und der Weiterentwicklung über die Jahre noch weitere Aspekte miteinbezogen und berücksichtigt werden müssen.

6 Literaturverzeichnis

HEINEBERG, Heinz (2000): Grundriss Allgemeine Geographie: Stadtgeographie. Paderborn.

HOFMEISTER, Burkhard (1999): Stadtgeographie. Braunschweig.

KULS, Prof. Dr. W. (1986): Skriptum zur Vorlesung Stadtgeographie. 3. Auflage. Bonn

LICHTENBERGER, Elisabeth (1998): Stadtgeographie, Bd. 1.: Begriffe, Konzepte, Modelle, Prozesse. Stuttgart.

Internetquellen:

FREI UNIVERSITÄT BERLIN, FB Geowissenschaften: http://www.e-geography.de/module/stadt_4/html/intro.htm (letzter Zugriff: 04.06.2007)

http://www.mygeo.info/skripte/skript_bevoelkerung_siedlung/siedl3.htm (letzter Zugriff: 04.06.2007)